SANDRA FRANITZA

FIX ohne FIX

SCHNELLE FAMILIENREZEPTE

HEEL

Inhalt

GUTES AUS PFANNE UND TOPF

SUPPEN, SNACKS UND BEILAGEN

Hallo liebe Kochbegeisterte, und solche, die es werden wollen!

Ich freue mich sehr, dass mein neues „Fix-ohne-Fix"-Buch Einzug in Eurer Küche gehalten hat und ich hoffe, Ihr werdet fleißig daraus kochen.

Die Rezepte sind, wie in meinem ersten „Fix-ohne-Fix"-Buch, ebenfalls angelehnt an die Gerichte aus dem Tütchen-Regal, kommen aber natürlich hier ganz ohne Tüte und Zusatzstoffe aus.

Vielleicht habt Ihr ja bereits mein erstes und freut Euch über die Fortsetzung.

Falls wir uns noch nicht kennen, verrate ich Euch aber gerne erstmal, wer sich hier gerade sehr freut, dass Ihr mein Buch in den Händen haltet …

Ich bin die Sandra und blogge seit mittlerweile 10 Jahren auf www.sandras-kochblog.de. Besondere Freude habe ich an meinem Instagram Account sandraskochblog, auf dem auch die Idee des #fixohnefixfreitag entstanden ist, und der Wunsch meine und die Lieblingsrezepte meiner Community auf Papier zu bringen.

Ich bin im Oberbergischen Land zu Hause und habe zuvor lange in Köln gelebt. Gemeinsam mit meinem Lebensgefährten und meinem kleinen schwarzen Kater wohne ich jetzt schön idyllisch und genieße den tollen Ausblick und die Natur.

Gekocht habe ich schon immer gerne und seitdem ich meine Rezepte öffentlich teile und so viel tolles und unglaublich liebes Feedback dafür erhalte, macht es mir noch mehr Spaß. Kochen ist für mich ein toller Ausgleich und muss nicht immer lange dauern.

Ich wünsche Euch ganz viel Freude mit meinem neuen Buch.

Eure Sandra

Dank

An dieser Stelle möchte ich mich erstmal ganz herzlich bei allen bedanken, die dazu beigetragen haben, dass mein erstes Fix-ohne-Fix-Buch ein solcher Erfolg geworden ist. Ein Spiegel Bestseller! Hätte ich mit so etwas gerechnet? Im Leben nicht. Ich bin völlig überwältigt. Danke dafür.

Dann geht ein besonderer Dank und ganz viel Liebe raus an meine Eltern, Ihr unterstützt mich, seitdem ich 2013 mit meiner Facebook-Seite angefangen habe und ich merke, wie stolz Ihr auf mich seid und Euch für mich freut. Ich habe euch sehr lieb.

Danke auch an meine Familie und Freunde, die mich ebenfalls immer sehr unterstützen, in dem was ich so treibe im Internet … und natürlich ein fettes Danke an Dich, mein „Hase“, denn hinter fast jedem Foodblogger sitzt ein Partner/eine Partnerin, der hungrig auf sein Essen wartet und geduldig bleibt, wenn erstmal ein paar Fotos geschossen werden müssen …

OFEN-GERICHTE

DIE JEDER

liebt

OFENBÄLLCHEN
MIT GOUDA

3 Personen

500 g Rinderhack
Salz, Pfeffer
300 g passierte Tomaten
150 g Sahne
2 EL Tomatenmark
je 1 TL Gemüsebrühpulver, Thymian, Oregano, Knoblauchpulver, Basilikum
4 Scheiben Gouda

Den Ofen auf 180 °C Umluft vorheizen.

Das Hackfleisch mit Salz und Pfeffer würzen und 15 Bällchen formen. Diese anschließend in eine Auflaufform setzen.

Für die Sauce die passierten Tomaten, Sahne, Tomatenmark und Gewürze in einen Topf geben, verrühren und zum Kochen bringen. Etwa 5 Minuten offen köcheln lassen. Mit Salz und Pfeffer abschmecken und dann die Sauce über die Bällchen geben. 25 Minuten im Ofen backen.

Dann den Gouda in Stücke zerteilen und die Bällchen damit belegen. Nochmals ca. 5 Minuten überbacken lassen.

Dieses Ofengericht erinnert ein wenig an die Hackbällchen Toskana aus meinem ersten Fix-ohne-Fix-Kochbuch, schmeckt aber dennoch anders und deshalb solltet Ihr es unbedingt auch ausprobieren.

3 Personen

CHILI-AUFLAUF

MIT PENNE

ZUTATEN

250 g Rinderhack
1 Zwiebel
2 EL Tomatenmark
Salz, Pfeffer
2 TL Chili-Gewürz
500 ml Wasser
150 g Penne
1 Dose Kidneybohnen, 240 g Abtropfgewicht
150 g geriebener Käse nach Wahl, z. B. Cheddar
Öl zum Anbraten

Den Ofen auf 200 °C Ober/Unterhitze vorheizen.

Die Zwiebel fein würfeln. Öl in der Pfanne erhitzen und das Hackfleisch mit der Zwiebel anbraten.

Tomatenmark und Gewürze hinzugeben und mit 500 ml Wasser ablöschen.

Ungekochte Penne und abgetropfte Kidneybohnen einrühren und alles kurz aufkochen lassen, dann in eine Auflaufform umfüllen und mit dem Käse bestreuen.

Für 40 Minuten in den Ofen geben.

Fans von Chili con Carne und Pasta werden dieses Gericht lieben, denn hier vereinen wir beides.

OFENKARTOFFELN MIT HACK

4 Personen

ZUTATEN

700 g Kartoffeln
300 g Rinderhack
400 g Sahne
Salz, Pfeffer
je 1 gestrichener TL Thymian, Majoran, Knoblauchpulver
1 Ecke Schmelzkäse
3 EL Röstzwiebeln
100 g geriebener Käse nach Wahl, z. B. Gouda
Öl zum Anbraten

Den Ofen auf 180 °C Umluft vorheizen. Die Kartoffeln schälen und in sehr dünne Scheiben schneiden oder hobeln.

Das Hackfleisch in etwas Öl krümelig braten, dann mit der Sahne aufgießen, alle Gewürze und den Schmelzkäse hinzugeben. Anschließend die Kartoffelscheiben hinzugeben und alles für 5 Minuten mit geschlossenem Deckel leicht köcheln lassen. Danach den Topf vom Herd nehmen, die Röstzwiebeln unterrühren und alles in eine Auflaufform geben. Den Käse drüberstreuen und etwa 35–40 Minuten in den Ofen geben.

Diese Ofenvariante mit Röstzwiebeln, Hack und Käse ist ein wahrer Genuss. Ihr könnt sie entweder als Hauptgericht, aber auch prima als Beilage servieren.

2 Personen

ENCHILADAS
MIT HACKFLEISCH

ZUTATEN

250 g Rinderhack
1 Zwiebel
1 rote Paprika
500 g passierte Tomaten
1 kleine Dose Mais, 140 g Abtropfgewicht
Salz, Pfeffer
2 TL Chili-Gewürz nach Wahl, optional noch eine Prise Chili-Flocken
100 g Crème fraîche
4 Tortilla Wraps
100 g geriebener Käse, z. B. Cheddar
Öl zum Anbraten

Den Ofen auf 200 °C Ober/Unterhitze vorheizen.

Die Zwiebel fein hacken und die Paprika fein würfeln. Das Hackfleisch in etwas Öl anbraten und mit Salz und Pfeffer würzen, Zwiebel und Paprika kurz mit anbraten.

Mais und etwa ¾ der passierten Tomaten mit den Gewürzen einrühren und alles 5 Minuten einköcheln lassen.

Die restlichen passieren Tomaten mit etwas Gewürz und der Crème fraîche vermengen. Etwa die Hälfte davon in eine Auflaufform geben.

Wraps mit der Hackmasse befüllen, einrollen und in die Form legen und eventuelle Reste der Füllung einfach noch mit in die Form geben.

Die restliche Sauce darüber geben, mit Käse bestreuen und etwa 20 Minuten goldbraun überbacken.

Geht Ihr auch so gerne mexikanisch essen? Diesen Klassiker könnt Ihr ganz einfach zuhause zubereiten, die Enchiladas sind definitiv eins meiner Lieblingsrezepte.

OFEN-GNOCCHI MIT MOZZARELLA UND HACK

3 Personen

1 Zwiebel
300 g Kirschtomaten
150 g Rinderhack
Salz, Pfeffer
je 1 TL Oregano und Thymian
½ TL Knoblauchpulver
4 EL Tomatenmark
150 ml Wasser
500 g Gnocchi aus dem Kühlregal
1 Kugel Mozzarella
2 Zweige frisches Basilikum
Öl zum Anbraten

Den Ofen auf 180 °C Ober/Unterhitze vorheizen.

Die Zwiebel fein hacken und die Kirschtomaten halbieren.

Das Hack in etwas Öl krümelig braten, dann die Zwiebel kurz mit anbraten. Gewürze und Tomatenmark untermengen und mit dem Wasser ablöschen.

Gnocchi untermengen und dann alles in eine Auflaufform umfüllen.

Die Kirschtomaten darüber verteilen, den Mozzarella klein zupfen und ebenfalls verteilen. Zum Schluss die frischen Basilikumblätter verteilen und alles für 15 Minuten in den Ofen geben.

3
Personen

NUDEL-BROKKOLI-GRATIN

ZUTATEN

250 g Spirelli

250 g Brokkoli-Röschen

250 g Sahne

je 1 Prise Salz, Pfeffer und Muskat

1 Ei Größe M

150 g geriebener Käse, z. B. Gouda

Nudeln und Brokkoli in Salzwasser bissfest garen und in einem Sieb abtropfen lassen.

Derweil den Ofen auf 180 °C Umluft vorheizen und die Sauce vorbereiten.

Für die Sauce die Sahne mit den Gewürzen vermengen und das Ei gut unterrühren. $\frac{1}{3}$ des Käses ebenfalls in die Sauce rühren.

Nudeln und Brokkoli in eine Auflaufform geben, die Sauce darüber verteilen und den restlichen Käse darüber geben. Für 15 Minuten in den Ofen geben, bis der Käse goldbraun ist.

Nudeln, Brokkoli und dazu eine käsig-cremige Sauce? Da vermisst man definitiv kein Fleisch, das Gratin ist unglaublich lecker.

MOUSSAKA
NACH GRIECHISCHER ART

ZUTATEN

350 g rohe Kartoffeln

1 Zwiebel

250 g Aubergine

250 g Rinderhack

1 Zwiebel

2 TL Oregano oder Kräuter der Provence

je ½ TL Salz und Knoblauchpulver

4 EL Tomatenmark

500 ml Wasser

150 g geriebener Käse, z. B. Gouda

150 g Crème fraîche

Öl zum Anbraten

Den Ofen auf 180 °C Umluft vorheizen.

Die Kartoffeln schälen und entweder hobeln oder in sehr dünne Scheiben schneiden. Die Zwiebel fein würfeln. Auberginen in Scheiben schneiden, von beiden Seiten kurz in etwas Öl anbraten und aus der Pfanne nehmen.

Hack anbraten, Zwiebeln, Gewürze und Tomatenmark einrühren und mit dem Wasser ablöschen. Kurz aufkochen lassen.

Nun alles in folgender Reihenfolge in eine Auflaufform schichten: Sauce, Kartoffeln, Auberginen, Sauce, Kartoffeln, Auberginen.

Dann Crème fraîche auf dem Auflauf verstreichen, den Käse darüber streuen und in den Backofen geben.

Ich habe das Moussaka für 45 Minuten im Backofen zunächst abgedeckt, damit es besser gart und dann nochmal weitere 20 Minuten ohne Abdeckung überbacken lassen.

Angelehnt an den griechischen Klassiker gab es für dieses Gericht auch mal ein Fix-Tütchen, das man mittlerweile so nicht mehr im Handel findet. Nicht schlimm, denn ich habe es für Euch nachgebaut.

2
Personen

3 Personen

OFEN-MAKKARONI
MIT FRISCHKÄSE

ZUTATEN

200 g Hörnchen-Nudeln oder kurze Makkaroni

250 g Rinderhack

je 1 TL Salz, Oregano, Thymian, Basilikum, Paprika edelsüß

1 Dose gehackte Tomaten, 400 g + leere Dose Wasser

2 EL Tomatenmark

100 g Frischkäse, natur

1 kleine Dose Erbsen, 140 g Abtropfgewicht

100 g geriebener Käse nach Wahl z. B. Emmentaler

Öl zum Anbraten

Den Ofen auf 180 °C Umluft vorheizen.

Die ungekochten Nudeln in eine Auflaufform geben.

Das Hackfleisch in etwas Öl anbraten, würzen, Tomatenmark, Tomaten, Wasser und den Frischkäse hinzufügen und anschließend 3 Minuten köcheln lassen.

Anschließend die Erbsen hinzufügen und die Sauce in eine Auflaufform füllen. Mit den Nudeln vermengen. Zum Schluss den Käse darüber streuen und für circa 20 Minuten in den Ofen geben.

... einfach, cremig und richtig lecker. Das Highlight: Die Nudeln müssen nicht vorgekocht werden, das spart auf jeden Fall Zeit.

OFENTOPF WINZER ART

3 Personen

ZUTATEN

500 g rohe Kartoffeln

1 rote Zwiebel

500 g Schweinegulasch (alternativ Pute oder Rind)

1 EL Tomatenmark

1 ½ TL Kräuter der Provence

100 ml Weißwein (alternativ Gemüsebrühe)

250 g Sahne

1 TL Salz

1 Prise Pfeffer

1 EL Öl zum Anbraten

Den Ofen auf 180 °C Umluft vorheizen.

Die Kartoffeln schälen und würfeln, die Zwiebel in Ringe schneiden.

Das Fleisch von allen Seiten in Öl scharf anbraten, dann Zwiebelringe und die Kartoffeln kurz mit anbraten, Gewürze und Tomatenmark untermengen und mit dem Weißwein ablöschen.

Alles 4–5 Minuten kochen lassen, bis sich der Bratensatz löst und anschließend die Sahne einrühren und mit geschlossenem Deckel für 35–40 Minuten in den Ofen geben.

Wenn Euer Topf oder Eure Pfanne nicht ofenfest ist, könnt Ihr den Ofentopf alternativ auch auf dem Herd zu Ende garen lassen.

ROSENKOHL-GRATIN
MIT KASSLER

3 Personen

400 g Kartoffeln
400 g TK Rosenkohl
200 g Kassler
250 g Sahne
Salz, Pfeffer
1 Prise Muskat
1 Ecke Schmelzkäse
150 g geriebener Käse, z. B. Emmentaler
Öl zum Anbraten

Den Ofen auf 200 °C Ober/Unterhitze vorheizen.

Kartoffeln schälen und in große Würfel schneiden, in einen Topf mit Salzwasser geben und zum Kochen bringen. Nach 5 Minuten den gefrorenen Rosenkohl hinzugeben und beides noch ca. 10 Minuten kochen, bis es nahezu gar ist.

Währenddessen das Öl in der Pfanne erhitzen, den Kassler in Würfel schneiden und 2–3 Minuten anbraten.

Mit der Sahne ablöschen, Gewürze und Schmelzkäse einrühren und 2 Minuten köcheln lassen, bis der Käse geschmolzen ist.

Gemüse gut abgießen und in die Pfanne dazugeben, nochmal etwa 2 Minuten leicht köcheln lassen.

Sollte Eure Pfanne nicht ofenfest sein, alles in eine Auflaufform umfüllen.

Käse darauf verteilen und für 12–15 Minuten in den Ofen geben, bis der Käse goldbraun ist.

Leckeres MIT GEFLÜGEL

3 Personen

GEMÜSEPFANNE MIT HÄHNCHEN

ZUTATEN

500 g Hähnchenbrust
1 Stange Lauch
2 Karotten
250 g Sahne
Salz, Pfeffer
je 1 Prise Paprika edelsüß, Kurkuma, Knoblauchpulver
150 g TK-Brokkoli
Öl zum Anbraten

Das Hähnchen in Stücke schneiden, die Karotten schälen und in dünne Scheiben schneiden, den Lauch putzen und in Ringe schneiden.

Das Hähnchen von allen Seiten in etwas Öl scharf anbraten und mit Salz und Pfeffer würzen. Karotten und Lauch in die Pfanne geben und 3–4 Minuten mit anbraten. Mit Sahne ablöschen und mit Salz, Pfeffer, Paprika, Kurkuma und Knoblauchpulver würzen. Den Brokkoli hinzugeben und alles noch 5–7 Minuten leicht köcheln lassen. Als Beilage passt Reis sehr gut.

Die Gemüsepfanne mit Hähnchen ist super flott gemacht, braucht nur wenige Zutaten und ist total einfach in der Zubereitung

PUTENGESCHNETZELTES KLASSISCH

3 Personen

ZUTATEN

500 g Putenschnitzel
1 Zwiebel
250 g Sahne
Salz, Pfeffer
1 TL Estragon, getrocknet
½ TL Gemüsebrühpulver
1 Msp Kurkuma
Öl zum Anbraten
1 Handvoll gehackte Petersilie

Das Fleisch in Streifen schneiden und die Zwiebel fein hacken. Fleisch in etwas Öl von allen Seiten scharf anbraten und mit Salz und Pfeffer würzen, dann die Zwiebel hinzugeben und kurz mit anbraten. Sahne und Gewürze einrühren und noch 4–5 Minuten leicht köcheln lassen. Am Ende mit Petersilie garnieren.
Als Beilage empfehlen sich Reis oder Kartoffeln.

Das Gericht ist so was wie der Klassiker bei den „Geschnetzeltes"-Rezepten, in diesem und in meinem ersten Fix-ohne-Fix-Buch findet Ihr noch ein paar Varianten dazu.

3 Personen

Nach unserem Umzug gibt es hier kein chinesisches Restaurant mehr, das zu uns liefert. Ich habe mir dort immer gerne gebratenen Reis bestellt. Zack, dann machen wir ihn jetzt einfach selbst, geht genauso schnell und man weiß, was drin ist.

GEBRATENER REIS
CHINESISCHER ART

ZUTATEN

200 g Langkornreis
200 g Hähnchenbrust
1 rote Paprika
6 Frühlingszwiebeln
2 Karotten
120 g TK-Gartenerbsen
3 Knoblauchzehen
1 große rote Chili
2 Eier
5 EL Sojasauce
4 EL Pflanzenöl
Salz
2–3 TL Fünf-Gewürz-Pulver, alternativ eine Mischung aus Curry, Pfeffer, Kurkuma, etwas Zimt, etwas Chili oder eine chinesische Gewürzmischung nach Wahl

Den Reis kochen und beiseitestellen. Ihr könnt hier auch gut übrig gebliebenen Reis vom Vortag nehmen.

Hähnchen in kleine Stücke, die Paprika in feine Streifen, Frühlingszwiebel in Ringe schneiden. Die Karotten schälen und in dünne Stifte schneiden, Chili entkernen und fein hacken, den Knoblauch ebenfalls fein hacken.

1 EL Öl in einem Wok erhitzen und das Hähnchen von allen Seiten 3–4 Minuten anbraten, mit einer guten Prise Salz würzen und aus dem Wok nehmen.

Das restliche Öl in den Wok geben, Knoblauch, Chili und die Gewürze kurz anschwitzen. Nun das gesamte Gemüse hinzugeben und alles ca. 5–7 Minuten auf mittlerer Hitze braten, bis es die gewünschte Konsistenz hat. Ich mag es gern noch bissfest.

Das Fleisch zurück in den Wok geben und die Sojasauce hinzufügen, dann den gekochten Reis untermengen, die Eier hinzufügen und unter Rühren noch 2–3 Minuten braten. Am Ende nochmal mit den Gewürzen abschmecken.

3 Personen

CHAMPIGNON-RAHM-HÄHNCHEN

ZUTATEN

500 g Hähnchenbrust

500 g Champignons in Scheiben

1 Zwiebel, fein gehackt

1 Knoblauchzehe, gepresst

100 ml Gemüsebrühe

200 g Sahne

150 g Kräuter Crème fraîche

je 1 gute Prise Salz, Pfeffer und Paprika edelsüß

Öl zum Anbraten

Das Hähnchen in große Stücke schneiden, von beiden Seiten 2–3 Minuten scharf anbraten, mit Salz, Pfeffer und etwas Paprika würzen und aus der Pfanne nehmen.

In derselben Pfanne Champignons, Zwiebeln und Knoblauch 2 Minuten anschwitzen, mit der Brühe und der Sahne ablöschen, Crème fraîche einrühren, nochmal etwas würzen und 3 Minuten einköcheln lassen.

Dann das Hähnchen wieder hinzugeben und noch circa 10–12 Minuten weiter köcheln lassen. Als Beilage passen Reis oder Nudeln super.

Dieses Gericht mit Hähnchen lieben wir. Wer gern Champignons isst und das klassische Geschnetzelte in der cremigen Sauce mag, kommt hier auf seine Kosten.

SENF-RAHM-GESCHNETZELTES

MIT PUTE

3 Personen

ZUTATEN

500 g Puten-Geschnetzeltes
2 Zwiebeln
200 g Sahne
125 g Crème fraîche
100 ml Wasser
2 EL Senf
Salz, Pfeffer
1 Prise Paprika, edelsüß
1 Prise Zucker
Öl zum Anbraten

Geschnetzeltes in etwas Öl von allen Seiten anbraten, bis es etwas Farbe bekommt. Salzen und pfeffern und dann aus der Pfanne nehmen.

Die Zwiebeln in Halbringe schneiden und ebenfalls in derselben Pfanne anbraten, bis sie etwas weich sind.

Sahne, Wasser, Crème fraîche und die Gewürze und Senf hinzugeben, einrühren und kurz aufkochen lassen. Dann das Fleisch wieder hinzugeben und etwa 10 Minuten leicht vor sich hin köcheln lassen. Als Beilage empfehle ich Reis oder Nudeln.

Hier habt Ihr eine Variante meines „Geschnetzelten", wir verfeinern es mit Senf, der bringt einen richtig tollen Geschmack in die Sauce.

CHINA-PFANNE

CHOP SUEY

ZUTATEN

500 g Hähnchenbrust
etwas Öl zum Anbraten
700 g TK-Wok-Gemüse
100 ml Wasser

Marinade:
4 EL Sojasauce
2 TL Speisestärke
je ½ TL Salz und Zucker

Sauce:
100 ml Wasser
4 EL Sojasauce
1 TL Sambal Olek oder Sriracha Sauce
je ½ TL Salz und Zucker

Zum Andicken am Ende:
2 TL Speisestärke
4 EL kaltes Wasser

Alle Zutaten für die Marinade vermengen. Das Hähnchen in Streifen schneiden, marinieren und 30 Minuten ziehen lassen. Derweil schon mal die Sauce anrühren und beiseitestellen.

Das Fleisch in etwas Öl 2–3 Minuten anbraten, leicht salzen und dann aus der Pfanne nehmen. Das Gemüse in die Pfanne geben, 100 ml Wasser hinzugeben und 4–5 Minuten köcheln, bis es fast gar ist.

Dann das Fleisch und die Sauce hineingeben und noch 2–3 Minuten weiter köcheln lassen.

Zum Schluss das Ganze noch mit der Speisestärke andicken. Dazu die Stärke in kaltem Wasser auflösen und die Flüssigkeit flott unterrühren. Abschmecken und genießen. Als Beilage passt klassisch natürlich Reis sehr gut.

Ein Klassiker aus der chinesischen Küche, den Ihr mit ein paar Zutaten aus der „Asia-Ecke" im Supermarkt ganz einfach zuhause nachkochen könnt.

3
Personen

4 große Hähnchen-
schenkel

KNUSPRIGE HÄHNCHENSCHENKEL AUS DEM OFEN

ZUTATEN

Marinade

4 EL hitzebeständiges Öl

je 1 TL Salz, Pfeffer, Knoblauchpulver, Oregano, Thymian, Rosmarin, Paprika edelsüß

je ½ TL Chili oder Cayennepfeffer, Kurkuma

1 Prise Kümmel

1 Prise Koriander

Alle Zutaten für die Marinade verrühren. Die Hähnchenschenkel in eine ausreichend große Auflaufform oder aufs Backblech legen.

Die Marinade von allen Seiten gut einmassieren und gerne 1–2 Stündchen abgedeckt ziehen lassen, damit mehr Geschmack ins Fleisch geht.

Den Ofen auf 180 °C Umluft vorheizen und die Schenkel etwa 40–50 Minuten garen.

Für mehr Knusprigkeit könnt Ihr die Hähnchenschenkel zum Ende hin nochmal mit etwas Paprika-Öl bepinseln und ca. 5 Minuten auf die höchste Schiene setzen. entweder bei Ober/Unterhitze oder mit einer Grillfunktion.

Sind Eure Schenkel größer, solltet Ihr die Garzeit entsprechend anpassen.

Tatsächlich findet man im Supermarkt eine Fix-Tüte, um eine Hähnchen Marinade zusammen zu rühren … Mit dieser Gewürzmischung werden die Hähnchenschenkel super lecker und schön knusprig.

PFEFFER-RAHM-GESCHNETZELTES MIT HÄHNCHEN

3 Personen

ZUTATEN

500 g Hähnchenbrust
1 Zwiebel
200 g Sahne
100 g Crème fraîche
Salz, Pfeffer aus der Mühle
1 Gläschen (35 g Abtropfgewicht) eingelegte, grüne Pfefferkörner
Öl zum Anbraten
Optional: eine Handvoll gehackte Petersilie

Die Zwiebel fein hacken. Das Hähnchen in dünne Streifen schneiden und in etwas Öl anbraten, bis es Farbe annimmt, mit Salz und Pfeffer würzen. Dann die Zwiebel kurz mit anschwitzen.

Sahne und Crème fraîche einrühren, Pfefferkörner hinzufügen und alles für circa 10 Minuten leicht vor sich hin köcheln lassen.

Zum Schluss nochmal mit Salz und Pfeffer abschmecken und mit gehackter Petersilie servieren.
Als Beilage passt Reis sehr gut.

PUTEN-RAHM-GULASCH

3 Personen

ZUTATEN

500 g Putenbrust
1 Stange Lauch
2 Karotten
1 Zwiebel
2 Knoblauchzehen
200 g Sahne
200 ml Wasser
1 TL Tomatenmark
½ TL Paprika, edelsüß
1 TL Gemüsebrühpulver
Salz, Pfeffer
Öl zum Anbraten

Lauch putzen und in Ringe schneiden, Karotten schälen und in dünne Scheiben schneiden, Knoblauch pressen, Zwiebel fein hacken und das Fleisch in größere Würfel schneiden.

Das Fleisch in etwas Öl scharf anbraten, salzen und pfeffern, das Gemüse hinzugeben und 4–5 Minuten mit anschwitzen.

Knoblauch, Tomatenmark und alle weiteren Zutaten hinzugeben und mit geschlossenem Deckel 15 Minuten leicht köcheln lassen. Rührt hin und wieder mal um. Am Ende nochmal mit Salz und Pfeffer abschmecken

Wenn Ihr Gulasch liebt, das klassische Gulasch Euch aber in der Garzeit zu lange dauert, dann probiert mal diese Variante mit Putenbrust und Gemüse.

PUTEN-NUDELAUFLAUF
MIT PAPRIKA

ZUTATEN

250 g Putenschnitzel
1 rote Paprika
500 g passierte Tomaten
150 ml Wasser
100 g Crème fraîche
75 g geriebener Käse, z. B. Gouda
1 TL Salz, Paprika edelsüß, Rosmarin
etwas Pfeffer
1 gute Prise Zucker
150 g Spirelli
optional etwas Kurkuma
Öl zum Anbraten

Den Ofen auf 175 °C Umluft vorheizen und eine Auflaufform bereitstellen.

Putenschnitzel in kleine Stücke oder Streifen und Paprika in feine Streifen schneiden.

Die Putenschnitzel in etwas Öl anbraten und leicht salzen und pfeffern.

Paprika 3–4 Minuten mit anbraten, dann passierte Tomaten, Crème fraîche, Wasser und die Gewürze hinzugeben, kurz aufkochen lassen und vom Herd nehmen. Gerne nochmal abschmecken.

Ungekochte Nudeln in die Auflaufform geben und die Sauce darüber verteilen, so dass alles gut bedeckt ist.

Mit Käse bestreuen und etwa 40–45 Minuten in den Ofen geben. Ich habe den Auflauf die letzten 15 Minuten mit Alufolie abgedeckt, so ist nichts verbrannt und die Nudeln waren durch.

3 Personen

In der Geflügel-Strecke darf auch ein Auflauf nicht fehlen, die rote Paprika bringt nochmal einen extra leckeren Geschmack in die Sauce.

Dazu passt Reis genauso gut wie Kartoffeln.

HÄHNCHEN-SPARGEL-PFANNE

3 Personen

300 g Hähnchenbrust
500 g Spargel
250 g Erbsen und Karotten (TK)
200 g Sahne
200 ml Wasser
100 g Frischkäse, natur
Salz, Pfeffer
1 gehäufter TL Gemüsebrühpulver
je 1 gute Prise Curry- und Knoblauchpulver
etwas gehackte Petersilie
etwas Öl zum Anbraten

Das Hähnchen in kleine Stücke schneiden, den Spargel schälen, von den holzigen Enden befreien und ebenfalls in Stücke schneiden. Das TK-Gemüse muss nicht aufgetaut werden.

Hähnchen von allen Seiten in Öl anbraten, salzen und pfeffern, dann den Spargel ebenfalls 2–3 Minuten mit anbraten.

Mit Wasser und Sahne aufgießen, den Frischkäse und die Gewürze einrühren und zum Köcheln bringen. Mit offenem Deckel etwa 10 Minuten leicht köcheln lassen.

Dann Erbsen und Karotten hinzugeben und noch etwa weitere 10 Minuten köcheln. Zum Schluss nochmal abschmecken und mit gehackter Petersilie servieren.

Pasta FÜR DIE GANZE FAMILIE

2-3 Personen

PASTA MIT WEISSER BOLOGNESE

ZUTATEN

250 g Pasta nach Wahl, hier Linguine
250 g Rinderhack
1 Zwiebel
1 TL Gemüsebrühpulver
Salz, Pfeffer
250 g Sahne
150 g Schmelzkäse
Öl zum Anbraten
optional: eine Handvoll frisches, gehacktes Basilikum

Die Pasta in Salzwasser aufsetzen und al dente kochen.

Währenddessen die Zwiebel fein hacken und mit dem Rinderhack in etwas Öl anbraten. Die Gewürze hinzugeben und mit der Sahne ablöschen.

Schmelzkäse und eine Kelle Nudelwasser einrühren und 2–3 Minuten leicht köcheln lassen. Dann die fertige Pasta mit frischem Basilikum untermengen.

Diese „weiße Bolognese" solltet Ihr unbedingt ausprobieren, wenn Ihr sie noch nicht getestet habt. Eine klassische Bolognese findet Ihr in der Kategorie Klassiker in meinem ersten Fix-ohne-Fix-Buch.

SCHINKEN-SAHNE-NUDELN

2 Personen

ZUTATEN

200 g Penne
150 g Kochschinken
200 g Sahne
1 EL Crème fraîche
100 g TK-Erbsen
1 TL Gemüsebrühpulver
50 g geriebener Käse, z. B. Gouda
Salz, Pfeffer
Öl zum Anbraten

Die Nudeln in Salzwasser aufsetzen.

Den Kochschinken klein schneiden, in etwas Öl anschwitzen und dann Sahne, Crème fraîche, Erbsen und Gewürze hinzugeben und 5 Minuten köcheln lassen.

Wenn die Nudeln fast gar sind, gebt Ihr sie mit einem kleinen Schuss Nudelwasser in die Sauce und lasst alles noch etwa 2–3 Minuten einköcheln, dann rührt Ihr noch den Käse unter.

Nachdem ich mit Euch im ersten Fix-ohne-Fix-Buch meinen Nudel-Schinken-Gratin geteilt habe, kommen hier die Schinken-Sahne-Nudeln aus der Pfanne, auch ein super leckerer Klassiker.

NUDEL-WURST-PFANNE

BAUERN-ART

2-3 Personen

200 g Spirelli
1 rote Paprika
1 grüne Paprika
2 Cabanossi Würstchen
2 EL Tomatenmark
1 Zwiebel
2 TL Paprika edelsüß
je ½ TL Salz und Knoblauchpulver
700 ml Gemüsebrühe
Öl zum Anbraten

Paprika würfeln, Zwiebel fein hacken und die Würstchen in dünne Scheiben schneiden. Alles in etwas Öl kurz anbraten.

Tomatenmark und Gewürze unterrühren, die ungekochten Nudeln und die Gemüsebrühe hinzugeben und mit geschlossenem Deckel etwa 15 Minuten bei niedriger Temperatur kochen lassen, bis die Nudeln gar sind. Ab und zu umrühren.

Würstchen und Nudeln, man könnte meinen, das Gericht ist speziell für Kinder gemacht, und tatsächlich bekomme ich dazu wirklich sehr häufig Feedback, dass es bei Kindern besonders gut ankommt.

2–3 Personen

SPAGHETTI
CARBONARA-ART

ZUTATEN

200 g Spaghetti
50 g Parmesan
1 kleine Zwiebel
100 g Schinkenwürfel
200 g Sahne
je 1 Prise Salz, Pfeffer, Muskat
Öl zum Anbraten

Die Spaghetti in Salzwasser garen und währenddessen die Sauce zubereiten.

Den Parmesan fein reiben. Die Zwiebel ganz fein hacken und mit den Schinkenwürfeln in etwas Öl anbraten, bis die Zwiebel leicht glasig ist.

Dann die Sahne hinzugeben, die Gewürze einrühren und das Ganze leicht vor sich hin köcheln lassen, bis die Nudeln gar sind.

Die Spaghetti zusammen mit dem Parmesan in die Sauce geben und alles gut vermengen, bis sich alles gut verbunden hat.

Original Carbonara machen wir nicht mit Sahne, das wissen wir ... Hier habe ich sie allerdings bewusst verwendet, da sie im entsprechenden Fix-Tütchen auch hinzugegeben wird. Original oder Nicht-Original, Hauptsache lecker!

2-3 Personen

Erbsen, Karotten und Spirelli Nudeln sind für mich Kindheitserinnerung, hier vereinen sie sich zusammen mit Rinderhack und ein paar weiteren Zutaten zu einem leckeren One-Pot-Gericht.

SPIRELLI-TOPF
MIT HACKFLEISCH

ZUTATEN

200 g Spirelli
1 Zwiebel
300 g Rinderhack
500 ml Wasser
200 g Sahne
1 TL Majoran, Thymian, Paprika edelsüß
2 TL Gemüsebrühpulver
1 EL Tomatenmark
zwei kleine Dosen Erbsen mit Karotten (à 130 g Abtropfgewicht)
Öl zum Anbraten
Salz, Pfeffer

Die Zwiebel fein hacken und mit dem Rinderhackfleisch in der Pfanne in etwas Öl anbraten.

Dann alle weiteren Zutaten bis auf die Erbsen mit Karotten hinzugeben, zum Kochen bringen, alles gut verrühren und mit geschlossenem Deckel etwa 15 Minuten auf kleiner Stufe köcheln lassen, ab und zu umrühren.

Wenn die Nudeln fast gar sind, also nach etwa 15 Minuten, die abgetropften Erbsen und Karotten untermengen und noch 3–4 Minuten weiter köcheln lassen.

Am Ende nochmal mit Salz und Pfeffer abschmecken.

3 Personen

BRATWURST BOLOGNESE

ZUTATEN

300 g Spaghetti
3 grobe Bratwürste
1 Dose gehackte Tomaten, 400 g
100 g Sahne
1 EL Tomatenmark
1 TL Gemüsebrühpulver
2 TL Oregano
Salz, Pfeffer
Öl zum Anbraten

Die Bratwürste einschneiden, das Brät aus der Pelle herausnehmen und zu kleinen Bällchen formen.

Diese in etwas Öl von allen Seiten anbraten, dann mit den Tomaten, der Sahne, etwas Wasser (füllt die leere Dose der Tomaten ungefähr halb) aufgießen.

Das Tomatenmark und die Gewürze einrühren und 7–8 Minuten leicht vor sich hin köcheln lassen.

In der Zwischenzeit die Spaghetti kochen und nachher alles miteinander vermengen.

Bratwürste müssen nicht immer unbedingt auf den Grill oder in die Pfanne, wir können daraus auch eine leckere Nudelsauce zaubern

CANNELLONI
MIT HACKFLEISCH

3-4 Personen

ZUTATEN

10 Cannelloni (ohne Vorkochen)
250 g Rinderhack
1 EL Tomatenmark
2 EL Semmelbrösel
1 Ei
Salz, Pfeffer
1 TL Paprika edelsüß
1 Dose gehackte Tomaten, 400 g
250 g Sahne
100 ml Wasser
1 TL Basilikum, gerebelt
100 g geriebener Käse, z. B. Gouda
ein paar Basilikumblätter

Den Ofen auf 180 °C Umluft vorheizen.

Das Hackfleisch, Tomatenmark, Semmelbrösel, Ei, Pfeffer, Salz und Paprika verkneten und die Cannelloni damit befüllen. Die Cannelloni in eine Auflaufform legen.

Anschließend die Tomaten, Sahne, Wasser, Pfeffer, Salz und gerebeltes Basilikum zu einer Sauce verrühren und über die gefüllten Cannelloni gießen.

Den geriebenen Käse darüber verteilen und 40–45 Minuten in den Ofen geben.

Basilikumblätter darüber streuen und guten Appetit!

Ich liebe Cannelloni, besonders mit dieser leckeren Hackfleisch Füllung. Tipp: im Supermarkt findet Ihr Cannelloni ohne Vorkochen, das vereinfacht die Zubereitung

BOLOGNESE
ARRABIATA

2–3 Personen

250 g Pasta nach Wahl
1 Zwiebel
1 gehäufter EL Jalapeños aus dem Glas oder 1 große Chili
250 g Tomaten
250 g Rinderhack
8 EL Tomatenmark
250 ml Wasser
1 TL Thymian
1 TL Gemüsebrühpulver
je ½ TL Cayennepfeffer, Salz, Paprika edelsüß, Knoblauchpulver
1 Prise Zucker
Öl zum Anbraten

Pasta in Salzwasser aufsetzen.

Die Zwiebel und die Jalapeños fein hacken, die Tomaten ebenfalls in kleine Stücke schneiden.

Das Hackfleisch mit den Zwiebeln in etwas Öl anbraten, Tomatenmark hinzugeben, dann die Tomaten, die Jalapeños, das Wasser und alle Gewürze ebenfalls einrühren.

Die Sauce etwa 5 Minuten leicht köcheln lassen, bis die Pasta gar ist und das Ganze zum Schluss nochmal abschmecken.

Eine klassische Bolognese findet ihr bereits in meinem ersten Fix-ohne-Fix-Buch, hier habt ihr eine etwas schärfere und superschnelle Version des beliebten Klassikers.

3 Personen

EINFACHE TOMATENSAUCE (MIRACOLI-STYLE)

ZUTATEN

500 g passierte Tomaten
1 Zwiebel
2 gehäufte TL Gemüsebrühe
2 EL Tomatenmark
½ TL Knoblauchpulver
2 gehäufte TL Oregano
1 TL Zucker
1 EL Olivenöl

Die Zwiebel so fein wie nie zuvor hacken und in Olivenöl glasig anschwitzen. Passierte Tomaten und die restlichen Zutaten hinzugeben und alles gut umrühren. Zum Kochen bringen und bei niedriger Hitze 10 Minuten leicht vor sich hin köcheln lassen.

Ich glaube, wir kennen diese Sauce alle, oder? Ob aus der Kindheit, vom Camping oder mit welcher Erinnerung auch immer wir sie verbinden. Probiert mal genau diese Gewürzmischung, das Ergebnis ist nah dran am Original-Geschmack.

EINFACHE KÄSESAUCE (MIRACOLI-STYLE)

3 Personen

ZUTATEN

1 Knoblauchzehe
100 g Kräuterfrischkäse
150 g geriebener Käse, z. B. Gouda
200 ml Milch
Salz, Pfeffer
Öl zum Anbraten

Die Knoblauchzehe sehr fein hacken und in etwas Öl in der Pfanne anschwitzen. Mit der Milch ablöschen und den Frischkäse einrühren, bis sich alles verbunden hat.

Die Temperatur auf kleine Stufe stellen und den geriebenen Käse unterrühren, bis er geschmolzen ist. Mit Salz und Pfeffer abschmecken und bei Bedarf unter Rühren noch ein wenig einköcheln lassen.

Früher gab es eine Packung zu kaufen, die Spaghetti und die Gewürzmischung beinhaltete, sie gibt es schon lange nicht mehr im Handel, daher habe ich sie hier nachgebaut. Probiert sie mal aus, total lecker.

MAC AND CHEESE

ZUTATEN

250 g Hörnchennudeln
800 ml Milch
200 g Sahne
1 TL Salz
je eine gute Prise Pfeffer, Muskat und Knoblauchpulver
200 g Cheddar
2 EL Röstzwiebeln
etwas gehackte Petersilie

600 ml Milch, die komplette Sahne und die Gewürze in die Pfanne geben und zum Kochen bringen, dann die Nudeln unterrühren und mit geschlossenem Deckel etwa 12–15 Minuten leicht köcheln lassen, bis die Nudeln gar sind.

Ab und zu umrühren und die restliche Milch nach einer Weile hinzugeben.

In der Zwischenzeit den Käse reiben und den Ofen auf 200 °C Ober/Unterhitze vorheizen.

Wenn die Nudeln gar sind, die Pfanne vom Herd ziehen und den Käse bis auf einen kleinen Rest unterrühren, bis er geschmolzen ist. Das Ganze gegebenenfalls etwas nachwürzen.

Mit dem restlichen Käse und den Röstzwiebeln toppen und 5 Minuten in den Ofen geben. Ist Eure Pfanne nicht ofenfest, füllt alles einfach in eine Auflaufform um.

Zum Schluss mit gehackter Petersilie servieren.

3 Personen

Mac and Cheese als One-Pot-Variante?
Here you are, aber Achtung:
Suchtfaktor inbegriffen!

2 Personen

HÜTTENSCHMAUS

ZUTATEN

150 g Hörnchennudeln
½ Zwiebel
50 g Schinkenwürfel
200 g Sahne
250 ml Wasser
1 TL Gemüsebrühpulver
je 1 Prise Salz und Pfeffer
50 g geriebener Käse, z. B. Emmentaler
etwas gehackte Petersilie und Schnittlauch
Öl zum Anbraten

Die Zwiebel mit dem Schinken in etwas Öl kurz anbraten, alle weiteren Zutaten, bis auf den Käse, die Kräuter und die Nudeln, hinzugeben, einrühren und kurz aufkochen lassen.

Nudeln hinzugeben und bei kleiner Hitze, mit geschlossenem Deckel etwa 15 Minuten leicht köcheln lassen. Auf jeden Fall ab und zu umrühren und schauen, dass noch genug Flüssigkeit vorhanden ist. Falls nicht, etwas Wasser nachgießen.

Zum Schluss den Käse unterrühren, abschmecken und mit Schnittlauch und Petersilie servieren.

Den Hüttenschmaus oder auch Schinken-Hörnli hat man früher ebenfalls als Fertigprodukt im Regal gefunden, hier musste man nur noch Wasser zugeben, alles andere befand sich bereits in getrockneter Form in der Tüte …

3 Personen

SOMMERNUDELN
MIT BUNTEM GEMÜSE

ZUTATEN

250 g Tagliatelle
1 Zucchini
1 Karotte
1 rote Paprika
½ Bund Schnittlauch
200 g Crème fraîche
200 ml Wasser
1 TL Gemüsebrühpulver
½ TL Knoblauchpulver
1 Prise Kurkuma
Salz, Pfeffer
Öl zum Anbraten

Die Zucchini und die Karotte schälen und einmal in der Mitte durchschneiden und daraus die Streifen schneiden. Die Paprika ebenfalls in dünne Streifen schneiden und das Gemüse in etwas Öl auf kleiner Hitze schmoren, bis das Gemüse etwas weicher wird.

Die Nudeln in das kochende Wasser geben.

Für die Sauce: Das Gemüse mit Wasser aufgießen, die Gewürze hinzugeben und 5 Minuten einköcheln lassen.

Den Schnittlauch und die Crème fraîche mit der Pasta direkt aus dem Topf mit etwas Nudelwasser in die Sauce geben und vermengen. Mit Salz und Pfeffer abschmecken.

Bunt, lecker und sommerlich: Probiert diese vegetarische Pasta-Variante unbedingt mal aus.

Gutes aus Topf und Pfanne

4-5
Personen

SOLJANKA

ZUTATEN

300 g Fleischwurst oder Jagdwurst

400 g Kassler

150 g Tomaten

1 Zwiebel

1 rote Paprika

4 saure Gurken

je 1 TL Salz, Pfeffer, Paprika edelsüß

100 g Tomatenmark

1 EL Senf

1 Glas Letscho, ca. 700 g (steht meist bei den sauren Gurken)

400 ml Wasser

1 Lorbeerblatt

Öl zum Anbraten

optional zum Servieren: Crème fraîche oder Saure Sahne und gehackte Petersilie

Wurst und Fleisch, sowie die Tomaten in kleine Stücke schneiden, die Zwiebeln in Halbringe, Paprika in Streifen, die Gurken in Scheiben schneiden.

Wurst, Zwiebeln und Paprika in etwas Öl anbraten, dann Fleisch, Gewürze, Tomatenmark und Senf untermengen. Die Tomaten und die Gurken hinzugeben.

Mit Letscho und Wasser auffüllen, das Lorbeerblatt hineingeben, alles gut umrühren und zum Kochen bringen.

Auf kleiner Hitze, mit geschlossenem Deckel etwa 45 Minuten leicht köcheln lassen, ab und zu umrühren.

Am Ende nochmal abschmecken und optional mit einem Klecks Crème fraîche oder Saurer Sahne und gehackter Petersilie servieren.

Die Soljanka schmeckt mit jedem Mal Aufwärmen immer besser, da sie dann schön durchgezogen ist. Mit frischem Baguette ist sie besonders lecker.

ZAUBERTOPF

3 Personen

500 g Hackfleisch
100 g Gouda am Stück
150 g TK-Erbsen
1 kleine Dose Mais, 140 g Abtropfgewicht
250 ml Wasser
3 EL Tomatenmark
1 TL Gemüsebrühpulver
je ½ TL Oregano, Thymian, Knoblauchpulver und Zucker
je 1 Prise Salz und Pfeffer
Öl zum Anbraten

Das Hackfleisch mit Salz und Pfeffer würzen, gut durchkneten und in 15 Portionen teilen, jeweils plattdrücken, als würdet Ihr ein Burger-Patty formen. Den Gouda in 15 gleich große Stücke aufteilen und auf die Hackfleischportionen verteilen. Dann das Ganze zu Bällchen formen.

Die Bällchen in etwas Öl von allen Seiten schön scharf anbraten, dann alle restlichen Zutaten in die Pfanne geben, alles gut umrühren und für etwa 15–20 Minuten leicht vor sich hin köcheln lassen, dabei ab und zu umrühren. Der Käse kommt aus manchen Bällchen ein kleines bisschen heraus, während sie köcheln, aber nur minimal.

Kennt Ihr noch den Zaubertopf? Den gab es mal als Limited Edition im Fix-Tüten-Regal und er ist so lecker, besonders mit den mit Käse gefüllten Hackbällchen.

SCHLEMMER-GESCHNETZELTES

ZUTATEN

3 rote Zwiebeln

500 g Geschnetzeltes vom Schwein

1 EL Mehl

1 TL Tomatenmark

1 EL Senf

1 TL Honig

250 g Sahne

200 ml Wasser

1 TL Kräuter der Provence, getrocknet

Salz, Pfeffer

Öl zum Anbraten

eine Handvoll gehackte Petersilie

Die Zwiebeln in feine Halbringe schneiden. Geschnetzeltes in Öl anbraten, bis es Farbe nimmt, mit Salz und Pfeffer würzen und aus der Pfanne nehmen.

Nun die Zwiebeln auf mittlerer Hitze anbraten, bis sie etwas weich sind. Das Mehl hinzugeben und flott unterrühren. Dann Tomatenmark, Senf und Honig ebenfalls schnell einrühren. Mit Sahne und Wasser ablöschen und gut umrühren, bis sich alles gut verbunden hat. Die Gewürze hinzugeben, das Fleisch wieder zurück in die Pfanne geben und alles auf kleiner Hitze noch 4–5 Minuten weiter köcheln lassen. Mit gehackter Petersilie servieren. Hierzu passt Reis sehr gut.

Hier ist der Name Programm, Tomatenmark, Senf und Honig geben dem Gericht einen echt leckeren Geschmack.

3-4
Personen

HACKBÄLLCHEN
IN CHAMPIGNON-RAHM

ZUTATEN

500 g Champignons
1 Zwiebel
500 g Rinderhack
Salz, Pfeffer, Paprika edelsüß
100 ml Gemüsebrühe
200 g Sahne
200 g Kräuter Crème fraîche
Öl zum Anbraten
etwas gehackte Petersilie
optional: 1 TL Speisestärke zum Binden

Die Champignons putzen und in dicke Scheiben schneiden und die Zwiebel fein hacken. Hack mit Salz, Pfeffer und Paprika würzen, verkneten und kleine Bällchen formen.

Öl in der Pfanne erhitzen und die Bällchen von allen Seiten scharf anbraten, dann aus der Pfanne nehmen. Zwiebeln und Champignons anbraten, mit der Gemüsebrühe, Sahne und Crème fraîche ablöschen, alles umrühren und mit einer Prise Salz und Pfeffer würzen.

2–3 Minuten köcheln lassen, dann die Hackbällchen hineingeben und noch etwa 15 Minuten leicht köcheln lassen.

Optional könnt Ihr das Ganze am Ende noch mit einem Teelöffel Speisestärke andicken. Mit gehackter Petersilie servieren und schmecken lassen. Reis und Kartoffeln passen als Beilage sehr gut.

Ihr liebt Hackbällchen und auch Champignons? Dann müsst Ihr dieses leckere Pfannengericht unbedingt probieren.

HERZHAFTE SCHUPFNUDELPFANNE

ZUTATEN

500 g Schupfnudeln aus dem Kühlregal
2 Frühlingszwiebeln
250 g Rinderhack
350 g Sauerkraut
200 g Sahne
1 TL Gemüsebrühpulver
1 Prise Salz und Pfeffer
1 Klecks Crème fraîche zum Servieren
Öl zum Anbraten

Frühlingszwiebeln in feine Ringe schneiden. Die Schupfnudeln in etwas Öl in der Pfanne von allen Seiten etwas anbraten, bis sie Farbe bekommen und dann aus der Pfanne nehmen.

Hackfleisch anbraten und mit Salz und Pfeffer würzen, die in Ringe geschnittene Frühlingszwiebel hinzugeben und dann das etwas abgetropfte Sauerkraut untermengen. Kurz weiter braten, dann die Sahne und das Gemüsebrühpulver einrühren. Schupfnudeln wieder hinzugeben, vorsichtig untermengen und das Ganze noch etwa 5 Minuten köcheln lassen. Je nachdem, welches Sauerkraut Ihr verwendet, kann die Kochzeit etwas variieren.

Nochmal mit Salz und Pfeffer abschmecken und servieren.

Mit einem Klecks Crème fraîche schmeckt es noch besser.

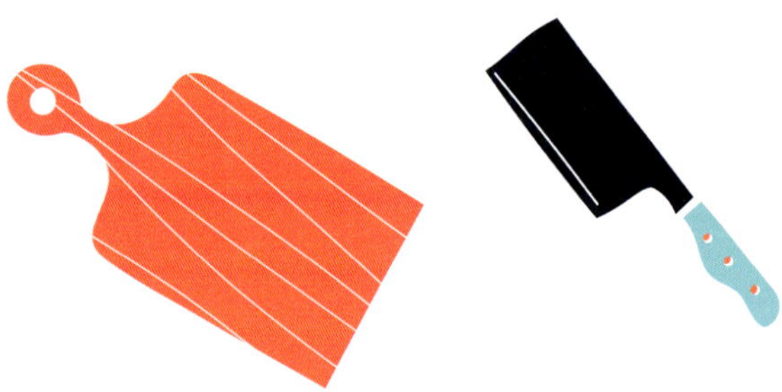

3 Personen

Esst Ihr gerne die Schupfnudeln mit Sauerkraut auf dem Weihnachsmarkt? Dann probiert das Rezept unbedingt aus, denn beides findet Ihr darin wieder.

3 Personen

PAPRIKA-HACK-PFANNE

ZUTATEN

500 g Rinderhackfleisch
1 Zwiebel
1 Paprika-Ampel (rot, gelb, grün)
2 EL Tomatenmark
je 1 TL Paprika edelsüß, Oregano, Thymian und wer mag, Knoblauchpulver
je 1 Prise Salz und Pfeffer
150 ml Gemüsebrühe
Öl zum Anbraten

Das Hackfleisch in Öl anbraten und eine klein gehackte Zwiebel mit anschwitzen.

Die Paprika in dünne Streifen schneiden und 5 Minuten mit anbraten.

Tomatenmark und Gewürze untermengen, mit der Brühe ablöschen, umrühren und für 25 Minuten mit Deckel leicht köcheln lassen. Zwischendurch umrühren.

In der Zwischenzeit könnt Ihr, wenn Ihr mögt, eine Beilage wie Reis oder Nudeln kochen oder auch einen schnellen Dip dazu machen. Ich habe mir hier einen aus griechischem Joghurt und Koriander gemacht.

Ohne Beilage habt Ihr hier ein leckeres Low-Carb-Gericht, griechischer Joghurt passt prima dazu und sättigt auch noch zusätzlich.

3 Personen

BRATWURST-SPÄTZLE-PFANNE

ZUTATEN

250 g frische Bratwurst
1 Zwiebel
250 g Champignons
500 ml Wasser
250 g Sahne
250 g Spätzle
2 gehäufte TL Gemüsebrühpulver
1 TL Salz
1 gute Prise schwarzer Pfeffer aus der Mühle
Öl zum Anbraten
Schnittlauchröllchen

Bratwurst klein schneiden, Zwiebel fein hacken und die Champignons in Scheiben schneiden.

Das Öl in der Pfanne erhitzen und die Bratwurst von allen Seiten scharf anbraten, dann Zwiebeln und Champignons mit anbraten, bis alles etwas Farbe genommen hat.

Mit Wasser und Sahne ablöschen, Gewürze und Spätzle einrühren und mit Deckel 15-20 Minuten leicht köcheln lassen, bis die Spätzle gar sind.

Ab und zu umrühren und am Ende bei Bedarf nochmal mit Salz und Pfeffer abschmecken und Schnittlauch drüber geben.

Ich bin ja ein totaler Fan von One-Pot-Gerichten: Wenig Abwasch und schnell in der Zubereitung! Hier „verwursten" wir mal wieder leckere Bratwurst im Gericht.

HIRTENPFANNE
MYKONOS

2-3 Personen

350 g Hähnchenbrust
3 Frühlingszwiebeln
2 Knoblauchzehen
1 Handvoll Kirschtomaten
200 g Schafskäse
½ Salatgurke
150 g Reis
350 ml Wasser
150 g Sahne
1 TL Oregano, Petersilie, Rosmarin
je 1 gute Prise Salz und Pfeffer
Öl zum Anbraten

Die Frühlingszwiebel in Ringe schneiden, den Knoblauch pressen, die Hähnchenbrust in Würfel schneiden, Kirschtomaten vierteln, Schafskäse in Würfel schneiden, die Gurke schälen, entkernen und in Würfel schneiden.

Hähnchen in etwas Öl anbraten bis es Farbe nimmt, dann mit Salz und Pfeffer würzen. Knoblauch und Gewürze, sowie den Reis kurz mit anbraten, mit Wasser ablöschen und alles verrühren.

Für 10 Minuten mit Deckel leicht köcheln lassen, ab und zu umrühren.

Wenn der Reis schon gut gequollen ist, die Sahne und die Gurken hinzugeben und weitere 5–10 Minuten bei niedriger Temperatur quellen lassen, bis die Flüssigkeit fast aufgesogen ist. Kirschtomaten und Schafskäse hinzugeben und unterrühren und zum Schluss noch einmal mit Salz und Pfeffer abschmecken.

RAHM-MEDAILLONS
ZÜRICHER ART

ZUTATEN

1 Schweinefilet, ca. 600 g
250 g braune Champignons
4 Frühlingszwiebeln
200 g Sahne
100 g Crème fraîche oder légère
50 ml Wasser
1 Spritzer Zitronensaft
1 TL Gemüsebrühpulver
1 Prise Kurkuma
1 Prise Knoblauchpulver
Salz, Pfeffer
Öl zum Anbraten

Das Schweinefilet in 6–8 etwa gleich große Stücke schneiden, die Champignons in Scheiben schneiden die Frühlingszwiebeln in Ringe. Ein paar grüne Zwiebelringe zur Seite legen.

Öl in der Pfanne erhitzen, das Filet von beiden Seiten je 2 Minuten scharf anbraten, mit Salz und Pfeffer würzen und anschließend das Fleisch wieder aus der Pfanne nehmen.

In derselben Pfanne die Pilze anbraten. Alle Zutaten und die Gewürze für die Sauce einrühren, 2–3 Minuten einköcheln lassen, anschließend die Frühlingszwiebeln hineingeben und das Schweinefilet in der Pfanne verteilen.

Mit offenem Deckel alles etwa 10 Minuten köcheln lassen, nochmal abschmecken und mit dem Grün der Frühlingszwiebel garnieren.

Seid Ihr Fan vom Geschnetzeltem Züricher Art?
Dann probiert unbedingt mal diese Variante
mit zartem Schweinefilet aus.

3
Personen

2 Personen

Das Gericht hat definitiv Potential zu einem Sonntagsessen, macht viel her, ist aber eigentlich total simpel in der Zubereitung. Wir lieben es mit Pommes.

RUSTIKALES FILET-PFÄNNCHEN

ZUTATEN

600 g Schweinefilet am Stück
6 Scheiben Bacon
1 große oder 2 kleine Zwiebeln
250 g braune Champignons
100 ml Weißwein (alternativ 1 guter Schuss weißer Balsamico)
200 g Sahne
200 ml Gemüsebrühe
1 Handvoll frische gehackte Petersilie
1 TL Thymian, getrocknet
Salz, Pfeffer
Öl zum Anbraten

Das Filet in 6 Stücke teilen und jeweils mit einer Scheibe Bacon umwickeln.

Die Pilze vierteln und die Zwiebeln in Streifen schneiden.

Die Medaillons in etwas Öl von allen Seiten anbraten, so dass sie Farbe annehmen, dann aus der Pfanne nehmen und beiseitestellen.

Die Zwiebel und Pilze in derselben Pfanne für 3–4 Minuten anschwitzen, dann mit dem Weißwein oder dem Balsamico ablöschen und diesen nahezu verkochen lassen. Sahne, Brühe, Thymian, Petersilie, etwas Salz und Pfeffer hinzugeben, umrühren, kurz aufköcheln lassen, dann das Schweinefilet wieder hineinsetzen und auf kleiner Hitze für etwa 15 Minuten leicht vor sich hin köcheln lassen. Gegebenenfalls nochmal mit Salz und Pfeffer abschmecken.

JÄGERTOPF HUBERTUS

ZUTATEN

500 g Schweineschnitzel
250 g braune Champignons
1 Zwiebel
50 g Schinkenwürfel
1 EL Butter
1 EL Mehl
200 g Sahne
200 ml Wasser
2 TL Gemüsebrühpulver
½ TL Thymian
½ TL Knoblauchpulver
Salz, Pfeffer
Öl zum Anbraten
etwas gehackte Petersilie

Die Champignons in Scheiben, das Fleisch in Würfel oder Streifen schneiden, die Zwiebel fein hacken. Etwas Öl in einer Pfanne erhitzen und nacheinander die Pilze, die Schinkenwürfel und die Zwiebel anbraten und wieder herausnehmen. Das Fleisch von allen Seiten anbraten, bis es Farbe nimmt, salzen und pfeffern und herausnehmen. Die Butter anschließend im Bratfett schmelzen, unter ständigem Rühren das Mehl hinzugeben, dann mit Sahne und Wasser aufgießen und weiter rühren.

Das Gemüsebrühpulver und die restlichen Gewürze einrühren, alles kurz aufkochen lassen, dann die Pilze, den Schinken, die gehackte Zwiebel und das Fleisch in die Sauce geben, alles verrühren und etwa 10 Minuten einköcheln lassen. Mit Salz und Pfeffer abschmecken und mit gehackter Petersilie servieren.

3 Personen

Auch dieses Tütchen findet man mittlerweile nicht mehr im Handel, dabei ist es eine so leckere Idee gewesen, zumindest für alle, die die Kombination Schnitzel und Champignon-Sauce auch so toll finden.

Suppen, Snacks UND BEILAGEN

2-3 Personen

Ein schöner bunter Auflauf, den besonders Kinder lieben. Ein richtiges Gute-Laune-Essen.

GEMÜSE-KARTOFFEL-AUFLAUF

ZUTATEN

400 g Kartoffeln

400 g TK-Kaisergemüse (Karotten, Erbsen, Brokkoli, Blumenkohl)

200 g Sahne

200 ml Milch

150 g geriebener Käse nach Wahl, z. B. Gouda

je 1 TL Salz und Gemüse-brühpulver

1 Prise Pfeffer

Das TK-Gemüse aus dem Kühlfach holen und während der Rest vorbereitet wird, etwas antauen lassen. Kartoffeln schälen und in Würfel schneiden.

Für die Sauce die Sahne, die Milch, 50 Gramm geriebenen Käse und die Gewürze in eine hohe Pfanne geben, aufkochen lassen und darin den Käse schmelzen.

Kartoffel hinzugeben und mit geschlossenem Deckel 15 Minuten darin kochen lassen. Dann das Gemüse hinzugeben und weitere 15 Minuten kochen lassen.

Den Ofen auf 200 °C Ober/Unterhitze vorheizen.

Alles in eine Auflaufform geben, den restlichen Käse darüber geben und etwa 10 Minuten überbacken.

2-3 Personen

TOMATEN-ZUCCHINI-GRATIN

ZUTATEN

2–3 Zucchini, insgesamt circa 500 g

2–3 Tomaten, insgesamt circa 300 g

200 g Sahne

2 TL Kräuter der Provence

1 TL Knoblauchpulver

Salz, Pfeffer

50 g Frischkäse, natur

1 EL Tomatenmark

100 g geriebener Käse, z. B. Emmentaler

Öl zum Anbraten

Die Zucchini in dünne Scheiben schneiden und portionsweise in etwas Öl von beiden Seiten kurz anbraten. Tomaten in dünne Scheiben schneiden. Beides fächerartig in eine Auflaufform einreihen.

Den Ofen auf 200 °C Ober/Unterhitze vorheizen und für die Sauce die Sahne mit den Gewürzen in einem kleinen Topf kurz aufkochen lassen. Tomatenmark und Frischkäse unterrühren, bis sich alles gut verbunden hat. Ihr könnt ruhig ordentlich würzen, das Gemüse nimmt viel Geschmack.

Sauce auf dem Gratin verteilen und dann noch geriebenen Käse darüber geben. Für 20–25 Minuten in den Ofen geben.

Das Gericht schmeckt im Sommer besonders gut, mit sonnengereiften, schmackhaften Tomaten und dem absoluten Sommergemüse: Zucchini. Beides verbindet sich im Ofen in einer superleckeren, cremigen Sauce.

LINSENSUPPE

6-8 Personen

500 g ungekochte braune Linsen
4 Kartoffeln
1 Bund Suppengrün
150 g geräucherter Speck am Stück
ca. 2,5 Liter Gemüsebrühe
2 EL Essig
2 EL Worcestersauce
je 1 Prise Salz, Pfeffer, Zucker
8 Würstchen nach Wahl
1 Handvoll Petersilie
Öl zum Anbraten

Rohe Linsen im Topf in etwas Öl anschwitzen. Kartoffel und Suppengrün in kleine Stücke schneiden und hinzugeben.

Das Stück Speck im Ganzen ebenfalls hinzugeben. Mit ca. 2 Liter Gemüsebrühe aufschütten.

Essig, Worcestersauce, Salz, Pfeffer und Zucker unterrühren und aufkochen.

Ca 1,5 Stunden leicht köcheln lassen, bis die Linsen weich sind. Zwischendurch ab und zu umrühren und eventuell Brühe nachgießen, wenn es nachher zu wenig Flüssigkeit ist.

Die Würstchen klein schneiden und noch für zehn Minuten zum Ziehen in die Suppe geben.

Den Speck aus der Suppe holen und diese nochmal mit allen Gewürzen abschmecken. Zum Schluss mit der frischen gehackten Petersilie bestreuen und gegebenenfalls nochmal einen kleinen Schuss Essig reingeben.

Selbst wenn Ihr für wenige Personen kocht, macht ruhig die angegebene Menge, davon könnt Ihr dann mehrere Tage essen oder die Suppe portionsweise einfrieren.

2 Personen

BISTRO BAGUETTE SALAMI

ZUTATEN

2 Baguette Brötchen
50 g Tomatenmark
50 ml Wasser
½ TL Oregano
optional: ½ TL Knoblauchpulver
je 1 Prise Salz und Zucker
5–6 Mini-Salami, in Scheiben geschnitten
50 g geriebener Käse, z. B. Gouda
2 EL klein gehackte, rote Paprika
1 Frühlingszwiebel, in Ringe geschnitten

Den Ofen auf 200 °C Ober/Unterhitze vorheizen, die Brötchen aufschneiden und aufs Blech geben.

Tomatenmark mit dem Wasser und den Gewürzen vermengen und auf die Brötchenhälften streichen. Belag und Käse draufgeben und für 20 Minuten knusprig backen.

Das Bistro Baguette könnt Ihr mit Eurem Wunschbelag abändern, lecker schmeckt es auch mit Thunfisch und Zwiebeln oder auch mit Tomate und Mozzarella

HACKFLEISCH-KÄSE-TOAST

6 Stück

ZUTATEN

6 Scheiben Toast
250 g Rinderhack
1 Tomate, klein gehackt
1 EL Tomatenmark
je 1 TL Salz, Paprika edelsüß, Knoblauchpulver, Kräuter der Provence
100 g geriebener Käse, z. B. Gouda

Ofen auf 200 °C Ober/Unterhitze vorheizen. Toast kurz vortoasten.

Hackfleischmasse mit den weiteren Zutaten, bis auf den Käse, zusammenmischen und auf dem Toast verstreichen, Käse darüber streuen und für 20 Minuten in den Ofen geben.

Entweder als kleinen Snack zwischendurch oder in etwas größerer Menge als ganze Mahlzeit – egal, wie Ihr es macht, es schmeckt richtig gut.

4 Stück

MEXIKANISCHE HÄHNCHEN-WRAPS

ZUTATEN

4 Tortillas
200 g Hähnchenbrust
1 Paprika
1 kleine Dose Mais, 140 g Abtropfgewicht
2 EL Tomatenmark
2 TL Chili- oder Mexiko-Gewürz nach Wahl
Pfeffer, Salz
120 ml Wasser
Saft ½ Limette
100 g Crème fraîche
100 g geriebener Cheddar
Öl zum Anbraten

Hähnchen in kleine Stücke schneiden, die Paprika würfeln.

Beides in etwas Öl anbraten, Mais und Tomatenmark sowie die Gewürze unterrühren, mit Wasser und dem Limettensaft ablöschen und 4–5 Minuten köcheln lassen. Ab und zu umrühren und abschmecken.

Wraps mit Crème fraîche bestreichen und die Füllung und den Käse darauf geben, einwickeln und einmal durchschneiden.

Wraps essen wir hier regelmäßig, besonders wenn es darum geht, Reste zu verwerten. Da könnt Ihr ruhig kreativ sein. Ich freue mich, wenn Ihr mal diese Variante probiert.

TOMATENSUPPE MIT REIS

4 Personen

1 kg Tomaten
1 Zwiebel
1 Prise Zucker oder Zuckerersatz
1 Prise Salz
ein paar frische Kräuterzweige zum Mitkochen, z. B. Rosmarin, Thymian, Oregano, Basilikum
etwas Wasser zum Verdünnen (hat aber schon durch die Tomaten gut Flüssigkeit)
1 EL Olivenöl
50–100 g Reis
optional Crème fraîche

Die Zwiebel in Stücke schneiden und in Olivenöl anbraten. Tomaten ebenfalls in Stücke schneiden, das Grün entfernen und hinzugeben. Mit der Zeit kommt Flüssigkeit aus den Tomaten. Eine Prise Salz und Zucker und dann die Kräuterzweige hinzugeben und das Ganze etwa 20 Minuten kochen lassen.

Anschließend vom Herd nehmen, die Kräuter entfernen und pürieren.

Wem es zu wenig Flüssigkeit ist, kann die Suppe noch mit etwas Wasser aufgießen. Wer sie cremiger haben möchte, rührt etwas Crème fraîche ein.

Der Reis kann nun direkt in der Suppe gekocht werden. Bei der Menge könnt Ihr variieren, müsst dann nur gegebenenfalls etwas Flüssigkeit hinzugeben.

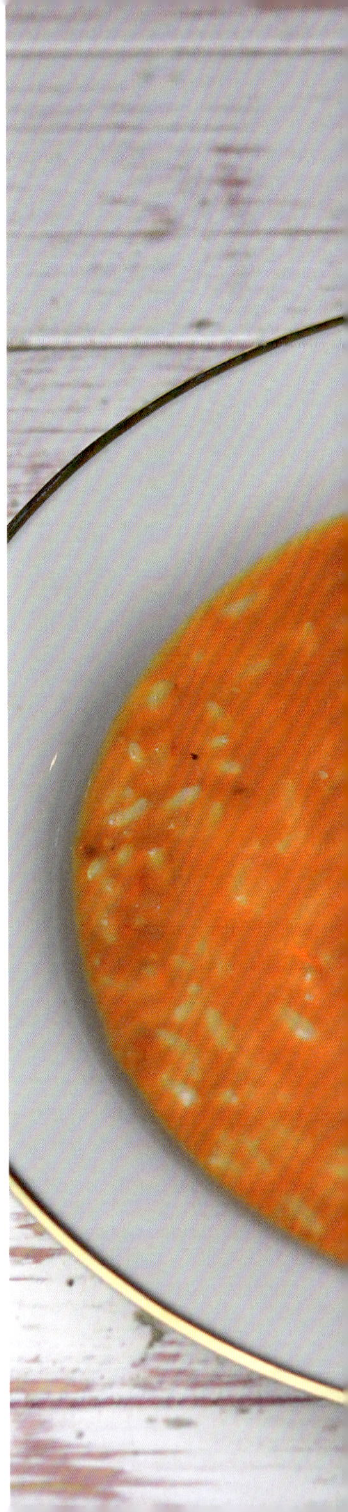

Früher, als ich bei meiner Oma zu Besuch war, hat sie mir immer Tomatensuppe mit Reis gekocht, dort habe ich diese Suppe lieben gelernt und esse sie bis heute gerne.

4-5 Personen

Als ich Kind war, habe ich diese Suppe immer gern gegessen, damals noch aus der Dose, die hat mir immer supergut geschmeckt. Wenn Ihr sie auch so mögt, dann probiert gern mal mein Rezept dafür aus.

HÜHNER-NUDELTOPF

ZUTATEN

2 Hähnchenschenkel (insgesamt ca. 600 g)

1 Bund Suppengemüse

ca. 1,5–2 Liter kaltes Wasser

2 Lorbeerblätter

1 TL Salz

1 Prise Pfeffer

150 g Muschelnudeln

½ EL Öl zum Anbraten

Das Suppengemüse putzen und klein würfeln und in etwas Öl anschwitzen, dann die Hähnchenschenkel hinzugeben und mit Wasser auffüllen, so dass alles gut bedeckt ist. Gewürze hinzugeben und mit Deckel eine Stunde köcheln lassen.

Das Fleisch aus dem Topf nehmen und die Haut entfernen, mit der Gabel alles vom Knochen ziehen und dann zurück in den Topf geben.

Die Nudeln separat kochen und in die fertige Suppe geben, damit die Suppe klar bleibt und nicht durch die Stärke trüb wird.

Vor dem Servieren nochmal mit Salz und Pfeffer abschmecken und dann guten Appetit!

FRIKADELLEN-SUPPE

ZUTATEN

500 g Rinderhack
je 1 gute Prise Salz & Pfeffer
2 Schalotten
3 Karotten
2 Liter Wasser
6–8 TL Gemüsebrühpulver (bitte abschmecken, da ja nicht alle gleich intensiv im Geschmack sind)
150 g TK-Erbsen (noch gefroren)
150 g Fadennudeln/ Suppennudeln

Hackfleisch mit Salz und Pfeffer verkneten und kleine Bällchen formen (etwa 20–30 Stück). Die Karotten schälen und fein würfeln. Schalotten fein hacken.

Diese in einen Topf mit kaltem Wasser geben und langsam erhitzen, bis es leicht kocht, 5 Minuten leicht köcheln lassen, dann Gemüsebrühe, Schalotten und Karotten hinzugeben und mit Deckel etwa 20 Minuten leicht köcheln lassen.

TK-Erbsen hinzugeben und noch etwa 10 Minuten köcheln lassen.

Die Nudeln separat kochen und in die fertige Suppe geben, damit die Suppe klar bleibt und nicht durch die Stärke trüb wird.

Nochmal mit Salz, Pfeffer und eventuell mit der Gemüsebrühe abschmecken. Wer mag, gibt noch frische Kräuter hinzu.

Diese Suppe ist so ein richtiges Soulfood, besonders für kalte Tage.

5-6 Personen

BIFTEKI –
GRIECHISCHE FRIKADELLEN

ca. 10 Stück

500 g Rinderhack
100 g Schafskäse
1 kleine Zwiebel, ganz fein gewürfelt
2 Knoblauchzehen, gepresst
1 Ei
1 EL Semmelbrösel
Salz, Pfeffer
2 TL Gyros-Gewürz (alternativ: Mischung aus Oregano, Paprika edelsüß, Kreuzkümmel, 1 Prise Piment)
1 kleine Handvoll Petersilie, fein gehackt
Öl zum Anbraten

Alle Zutaten, bis auf das Öl und den Schafskäse, mit den Gewürzen in eine Schüssel geben und mit den Händen sehr gut durchkneten.

Die Hackfleischmasse in 10 etwa gleich große Kugeln teilen und diese platt drücken.

Den Schafskäse aufteilen und jeweils ein Stück in die Mitte eines Hackfleischtalers setzen. Anschließend verschließt ihr das Hack gut mit den Händen und formt die Bifteki – dabei leicht drücken.

In etwas Öl von beiden Seiten scharf anbraten (zuerst mit der unteren Seite) und dann auf kleiner Hitze etwa 10 Minuten leicht weiter bruzzeln lassen. Dazu ein leckeres Zaziki, ein paar Kartoffeln oder Pommes, und Ihr habt einen tollen Grillteller.

In der Grillsaison könnt Ihr die Bifteki
auch super auf dem Grill zubereiten.

5-6 Personen

KARTOFFEL-CREME-SUPPE

ZUTATEN

1 ½ kg mehligkochende Kartoffeln

1 Zwiebel

1,2 Liter Gemüsebrühe

2 gehäufte TL Salz

1 gute Prise Pfeffer

2 TL Majoran, getrocknet

½ TL Muskat

1 Lorbeerblatt

200 g Sahne

1 Bund Frühlingszwiebeln

Öl zum Anbraten

Kartoffeln schälen und in Stücke schneiden, Zwiebel würfeln und beides 3–4 Minuten in etwas Öl anschwitzen. Mit der Brühe aufgießen, die Gewürze hinzugeben und etwa 30 Minuten mit Deckel leicht köcheln lassen, bis die Kartoffeln weich genug zum Pürieren sind.

Das Lorbeerblatt herausnehmen, die Suppe vom Herd nehmen und pürieren, am Ende noch Sahne zugeben und kurz weiter pürieren, bis sich alles gut verbunden hat.

Nochmal mit den Gewürzen abschmecken, die Frühlingszwiebeln in Ringe schneiden und hinzugeben.

Kartoffelsuppe geht doch immer, oder? Natürlich könnt Ihr hier am Ende auch noch ein paar Wiener Würstchen hinzugeben, das passt perfekt.

ZWIEBELSUPPE

ZUTATEN

600 g Zwiebeln
50 g Butter
250 ml Weißwein
400 ml Geflügelfond
Salz, Pfeffer
1 TL Paprika edelsüß
1 TL Majoran
2 Scheiben dunkles Brot
50 g geriebener Käse, z. B. Emmentaler

Die Zwiebeln schälen und in Ringe schneiden.

Butter im Topf zerlassen und die Zwiebeln auf kleiner Hitze 20 Minuten schmoren lassen, bis sie schön weich und süßlich sind. Nicht braten, sie sollen keine Farbe nehmen.

Mit dem Wein ablöschen, diesen auf ¾ einreduzieren lassen, Geflügelfonds und Gewürze hinzugeben und auf kleiner Hitze etwa 15 Minuten leicht köcheln lassen.

In der Zwischenzeit den Ofen auf 200 °C Ober/Unterhitze stellen und den Käse auf dem Brot verteilen und 5-10 Minuten überbacken, bis das Brot knusprig ist und der Käse goldgelb.

Zusammen mit der Suppe servieren.

Die Zwiebeln werden durch das lange Schmoren schön karamellisiert und bekommen einen herrlich süßen Geschmack.

2 Personen

HEEL Verlag GmbH

Gut Pottscheidt
53639 Königswinter
Tel.: 02223 9230-0
Fax: 02223 9230-13

E-Mail: info@heel-verlag.de
Internet: www.heel-verlag.de

3. Auflage 2025

Fotos: Sandra Franitza, Jo Kirchherr (Cover, Seite 3 und 5)

Illustrationen: © Adobe-Stock: Наталья Кириллова, yugoro

Projektleitung: Christine Birnbaum

Gestaltung: Sabine Vonderstein, Köln

Umschlaggestaltung und Satz: Christine Mertens, Heel Verlag

Printed in Slovakia

ISBN 978-3-96664-713-7

Folgt dem HEEL Verlag gerne auch unter

www.instagram.com/heelverlag
www.facebook.com/heelverlag
www.youtube.com/heelverlag
@heelverlag

Ebenfalls erschienen:

ISBN 978-3-96664-522-5

ISBN 978-3-96664-898-1